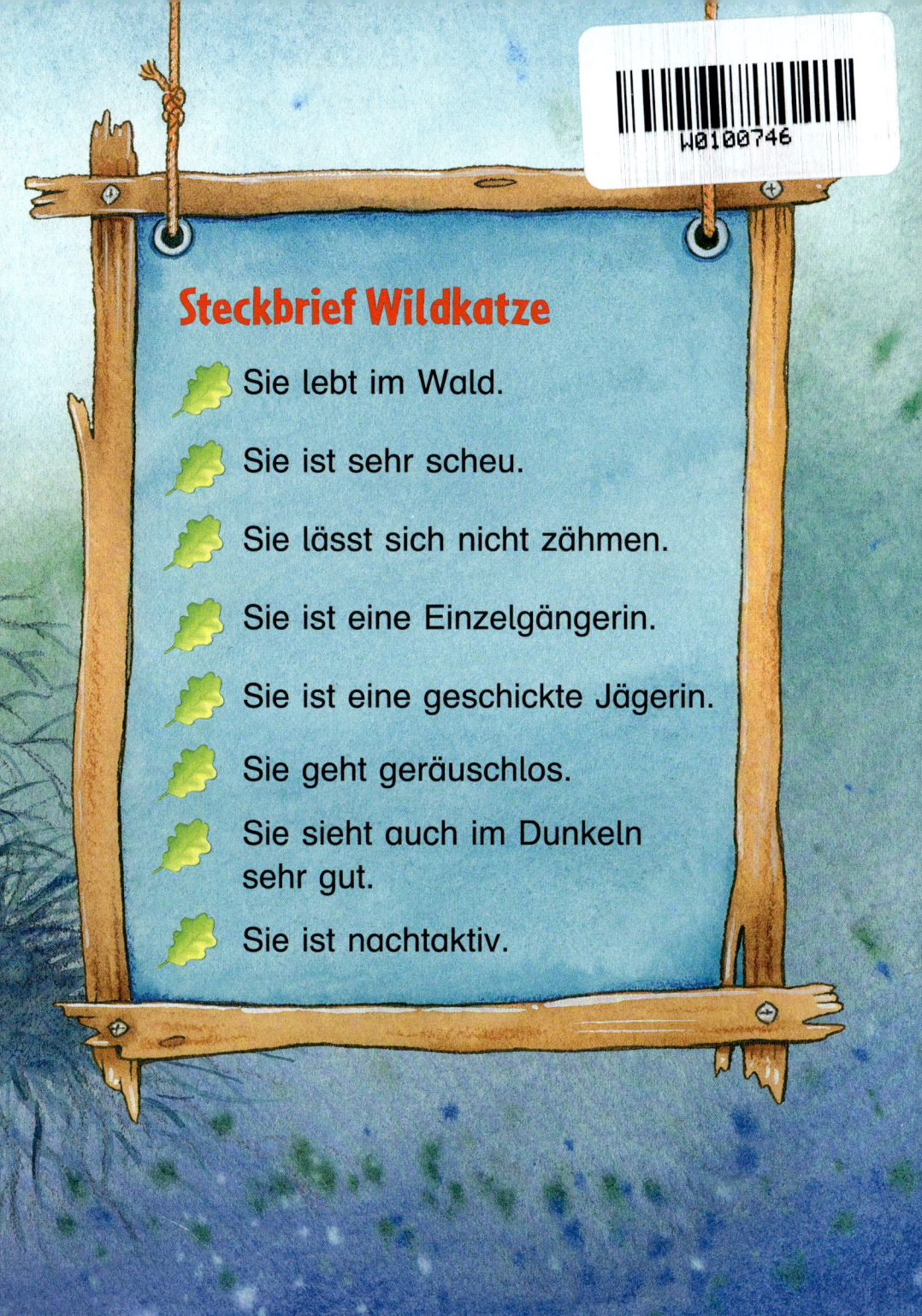

Steckbrief Wildkatze

- Sie lebt im Wald.
- Sie ist sehr scheu.
- Sie lässt sich nicht zähmen.
- Sie ist eine Einzelgängerin.
- Sie ist eine geschickte Jägerin.
- Sie geht geräuschlos.
- Sie sieht auch im Dunkeln sehr gut.
- Sie ist nachtaktiv.

Friederun Reichenstetter
Die Wildkatze

Dieses Buch gehört:

_____

Ein Verlag in der *westermann* GRUPPE

1. Auflage 2020
© 2020 Arena Verlag GmbH
Rottendorfer Straße 16, 97074 Würzburg
Alle Rechte vorbehalten
Text: Friederun Reichenstetter
Cover und Innenillustrationen: Hans-Günther Döring
Gesamtherstellung: Westermann Druck Zwickau GmbH
Printed in Germany
ISBN 978-3-401-71573-5

Besuche den Arena Verlag im Netz:
www.arena-verlag.de

Friederun Reichenstetter

Die Wildkatze

Mit Fragen zum Leseverständnis

Bilder von Hans-Günther Döring

Arena

Inhalt

Wie eine Wildkatze aussieht	10
Was die Wildkatze von der Hauskatze unterscheidet	12
Wie die Wildkatze lebt	14
Wo die Wildkatze ihr Revier hat	16
Wie die Wildkatze jagt	18
Was die Wildkatze frisst	20
Wie die Wildkatze sieht, hört und riecht	22

Wie die Wildkatze einen Partner findet	24
Ein Versteck für die Jungen	26
Die Jungen werden geboren	28
Wie die Jungen aufwachsen	30
Gefahren für die Wildkatze	32
Die Wildkatze im Winter	34
Du und die Wildkatze	36
Eine Familie	38
Weißt du die Antworten?	42

Wie eine Wildkatze aussieht

Die Wildkatze hat
ein dichtes, langes Fell.
Es ist gelblich grau.
Am Körper ist es
undeutlich gestreift.
Die Streifen im Gesicht
sind deutlicher zu erkennen.

Ihr buschiger Schwanz
hat zwei bis drei schwarze Ringe.
Zum Rücken hin
werden die Streifen heller.
Das Ende des Schwanzes
ist stumpf und schwarz.

Unsere Fellfarbe
ist die beste Tarnung.

Was die Wildkatze von der Hauskatze unterscheidet

Wildkatzen sind immer getigert
und wirken recht kräftig.
Ihre Schnurrbarthaare und Tasthaare
sind länger als die der Hauskatzen.

Das Fell der Hauskatzen
kann verschieden gemustert sein.
Es ist oft glatter
als das der Wildkatzen.
Ihr Schwanz ist meist länger
und endet spitzer.

Wir sind sehr scheu.
Hauskatzen sind zutraulicher.

Wie die Wildkatze lebt

Im dichten Unterholz des Waldes
fühlt sich die Wildkatze wohl.
Sie mag auch Hecken und Gestrüpp.

Weil die Wildkatze nachts jagt,
ist sie tagsüber müde.
Sie liegt am liebsten
an einem warmen Platz.

Wenn es regnet, braucht sie einen trockenen Ort.

Dann schlüpft sie in einen verlassenen Fuchsbau oder unter das Dach einer Futterkrippe.

Wo die Wildkatze ihr Revier hat

Jede Wildkatze jagt
in einem eigenen Bereich.
Das ist ihr Revier.
Sie markiert das Revier
mit den Duftdrüsen
zwischen ihren Pfotenballen.

Wildkatzen lieben die Wärme.
Deshalb suchen sie Reviere,
die nicht zu schattig sind.
Im Winter darf es dort
nur wenig Schnee geben.

Fremde Wildkatzen werden
aus meinem Revier vertrieben.

Wie die Wildkatze jagt

Die Wildkatze ist
eine perfekte Jägerin.
Sie hat spitze Fangzähne
und messerscharfe Krallen.

Nachts liegt sie auf der Lauer.
Lautlos schleicht sie sich
an ihre Beute heran.

Dann macht sie einen Sprung.
Mit Vorderpfoten und Krallen
hält sie ihren Fang fest.

Unsere Beutetiere
sind meist kleiner
als wir selbst.

Was die Wildkatze frisst

Die Hauptnahrung der Wildkatze sind Mäuse und Wühlmäuse. Auf dem Speiseplan stehen auch Maulwürfe, Käfer, Spinnen und Insekten.

Vogel

Mit etwas Glück
erbeutet sie sogar
junge Vögel
und junge Eichhörnchen.

Wir fressen gern in Ruhe.
Darum tragen wir unsere Beute
an einen sicheren Ort.

Wie die Wildkatze sieht, hört und riecht

In der Dämmerung
werden die Sehschlitze
in ihren Augen
zu großen, runden Pupillen.
Damit kann die Wildkatze
den letzten Rest Tageslicht
aufnehmen.

Die Wildkatze hört sehr gut.
Sie nimmt selbst Mäuse wahr,
die unter der Erde laufen.

Riechen ist nicht meine Stärke.
Meine Nase brauche ich vor allem,
um mein Futter zu prüfen.

Wie die Wildkatze einen Partner findet

Wildkatzen sind Einzelgänger.
Einen Partner suchen sie
nur im Frühjahr,
wenn sie sich paaren.

Werben zwei Kater
um ein Weibchen,
gibt es oft heftige Kämpfe.

Auch Wildkatze und Wildkater sind sehr grob zueinander.

Nach der Paarung trennen wir uns sofort wieder.

Ein Versteck für die Jungen

Bevor die Jungen geboren werden,
sucht die Wildkatzenmutter
einen gut versteckten Platz.
Der muss sauber und trocken sein.

Unter einer Wurzel
findet die Wildkatze
ein Versteck
für die Jungen.

Unsere Wochenstube kann auch in einer Ruine sein, in einem alten Bau oder Holzhaufen.

Die Jungen werden geboren

Zwei Monate nach der Paarung kommen vier bis sechs Junge zur Welt.
Sie sind noch blind.
Ein Fell haben sie schon.

Die Kleinen werden gesäugt.
Mit sechs Wochen
wachsen ihnen Milchzähne.
Dann bekommen sie auch
etwas Fleisch zu fressen.

Unsere Mutter pflegt uns gut.
Sie leckt uns täglich ab,
von oben bis unten.

Wie die Jungen aufwachsen

Fühlt sich die Wildkatzenmutter
gestört oder bedroht,
sucht sie einen neuen Platz
für sich und ihre Jungen.

Dann packt sie
ein Junges nach dem anderen
am Genick
und trägt es dorthin.

Sind die Jungen größer,
üben sie, Beute zu fangen.

Wir schleichen uns an, springen
und fahren die Krallen aus.

Gefahren für die Wildkatze

Die erwachsene Wildkatze kann sich gut verteidigen gegen andere Waldtiere.

Junge Wildkatzen dagegen werden häufig Opfer von Füchsen, Mardern und Greifvögeln.

Ihr größter Feind
ist aber der Mensch.
Durch Autos auf Straßen,
die durch Wälder führen,
kommen viele Wildkatzen um.

Die Wildkatze im Winter

Wildkatzen leiden unter der Kälte.
Bei hohem Schnee
gibt es für sie kaum Futter.
Denn Mäuse verstecken sich
unter der Schneedecke.
Auch Maulwürfe kommen selten
an die Oberfläche,
weil der Boden gefroren ist.
Und Insekten gibt es nur wenige.

Durch die Haare an unseren Pfoten gleiten wir auf dem Schnee und sinken nicht ein.

Du und die Wildkatze

Wildkatzen sind sehr scheu
und wirklich gut getarnt.
In freier Wildbahn
wirst du wohl
kaum eine sehen.

Begegnet dir doch einmal
ein krankes oder verletztes Tier,
informiere die Forstverwaltung.
Dort kümmert man sich darum.

Eine Familie

Unsere Wildkatze
wird auch Waldkatze genannt.
Sie lebt in Europa,
aber auch in Afrika
und Asien.

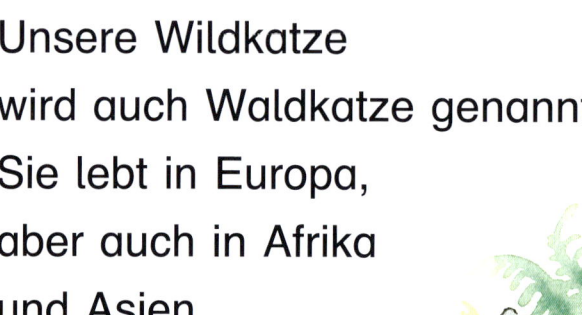

Die Rohrkatze lebt
in sumpfigen
Gebieten in Asien.

Die Sandkatze lebt
in der Sahara
und anderen
Wüstengebieten.

Der Luchs
ist die größte europäische Katze.
Es gibt ihn auch in Nordamerika.

Die größte Katze weltweit
ist der Tiger.
Er lebt in Indien,
Südostasien,
China und Russland.

Der Puma lebt in
Südamerika und
Nordamerika.

Leoparden gibt es
fast nur noch in Afrika.

Nur Löwen leben im Rudel.
Ihre Heimat ist
das südliche Afrika.

Friederun Reichenstetter
studierte Sprachen in München, Straßburg und London. Danach arbeitete sie für verschiedene internationale Organisationen im In- und Ausland. Seit vielen Jahren ist sie freiberufliche Autorin und schreibt Kinder- und Sachbücher. Sie lebt mit ihrem Mann in München.

Hans-Günther Döring
hat nach einer Ausbildung zum Schauwerbegestalter Kommunikationsdesign und Illustration in Hamburg studiert. Die Natur liegt ihm besonders am Herzen. Wenn er nicht am Zeichentisch sitzt, unternimmt er gerne ausgedehnte Wanderungen zu Fuß, mit dem Fahrrad oder dem Paddelboot – wobei sein Hund Oskar ihn gerne und oft begleitet. Er lebt mit seiner Familie in einem kleinen Ort bei Hamburg.

Sachwissen für Erstleser

Die Fledermäuse	Der Wolf	Die Eulen	Das Kaninchen und der Feldhase
978-3-401-71371-7	978-3-401-71348-9	978-3-401-71188-1	978-3-401-71182-9

Jeder Band: Ab 6 Jahren • Sachwissen für Erstleser • Durchgehend farbig illustriert • Gebunden • Format 15,9 x 21,1 cm

Große Fibelschrift und kurze Zeilen • Sehr einfache Textgliederung • Viele farbige Bilder

Innenseite aus »Der Igel« • ISBN 978-3-401-70948-2

| Sherlock Holmes, der Meisterdetektiv – Der unsichtbare siebte Mann 978-3-401-71534-6 | Reise um die Erde in 80 Tagen 978-3-401-71700-5 | Die drei Musketiere 978-3-401-71694-7 | Die Reise zum Mittelpunkt der Erde 978-3-401-71681-7 |

Jeder Band: Ab 7/8 Jahren • Klassiker einfach lesen • Durchgehend farbig illustriert • 72 Seiten • Gebunden • Format 16 x 21 cm

Textbegleitende Illustrationen

Flattersatz ohne Trennungen

Fibelschrift

Innenseite aus »Die drei Musketiere«
ISBN 978-3-401-71694-7